मेरे संघर्ष की कहानियां

रुपेश कुमार

Copyright © Rupesh Kumar
All Rights Reserved.

This book has been self-published with all reasonable efforts taken to make the material error-free by the author. No part of this book shall be used, reproduced in any manner whatsoever without written permission from the author, except in the case of brief quotations embodied in critical articles and reviews.

The Author of this book is solely responsible and liable for its content including but not limited to the views, representations, descriptions, statements, information, opinions and references ["Content"]. The Content of this book shall not constitute or be construed or deemed to reflect the opinion or expression of the Publisher or Editor. Neither the Publisher nor Editor endorse or approve the Content of this book or guarantee the reliability, accuracy or completeness of the Content published herein and do not make any representations or warranties of any kind, express or implied, including but not limited to the implied warranties of merchantability, fitness for a particular purpose. The Publisher and Editor shall not be liable whatsoever for any errors, omissions, whether such errors or omissions result from negligence, accident, or any other cause or claims for loss or damages of any kind, including without limitation, indirect or consequential loss or damage arising out of use, inability to use, or about the reliability, accuracy or sufficiency of the information contained in this book.

Made with ♥ on the Notion Press Platform
www.notionpress.com

This book is dedicated to my parents...

क्रम-सूची

लेखक परिचय vii

प्रस्तावना ix

भूमिका xi

1. ख्वाहिश 1
2. आँचल 4
3. कुछ बिखरे पन्ने 7
4. बचपन की यादे 9
5. संध्या सुहानी 12
6. सुहाना सफर 15
7. जीवन का रहस्य 17
8. भूतों की दुनिया 20
9. आंख का अंधा 23
10. कॉलेज लाइफ 26
11. नई जिंदगी 29
12. वैवाहिक रिश्ता 32
13. भोर लालिमा 35
14. जिंदगी का संघर्ष 37
15. प्यार का सफर 40
16. विवाह महोत्सव 42
17. प्यारी बेटी 44

निष्कर्ष 47

• v •

लेखक परिचय

लेखक परिचय

नामः श्री रुपेश
माताः श्रीमति बीरमति देवी
पिताः श्री ओमपाल सिंह
उच्च शिक्षा : -
बी ए संस्कृत, D.El.Ed (बीटीसी)
सोशल रिसर्च स्कॉलर

पता : -फतेहपुर चक,जिला बागपत, उत्तर प्रदेश, पिन कोड:- 250623

अध्यात्म की राह पर चलते हुए लोग निकले लोग निकलते हैं, क्योंकि सत्य को उर्जा और अध्यात्म को जानने में भी इंसान को पूरी जिंदगी गुजर जाती है। इसलिए इंसान को सोच समझकर ही अपने जीवन का कोई मार्ग चुनना चाहिए। क्योंकि मार्ग में बहुत सारी कठिनाई होती है, और मैंने भी अपने जीवन में सत्य के मार्ग पर चलते हुए समाज की सेवा करते हुए लोगों की भलाई के बारे में सोचते हुए अपने जीवन को समर्पित किया है। कि मैं दूसरों की सेवा कर सकूं वरना इस लायक बन सकूं मैं कि किसी व्यक्ति के काम आ सकूं, सत्य की तलाश में हमेशा इंसान को सत्य बोलना चाहिए। अनेक मुसीबत आने पर भी इंसान को अपने रास्ते से डिगना नहीं चाहिए। मेरे जीवन में भी अनेक उतार-चढ़ाव आए, लेकिन मैं अपने लक्ष्य की तरफ हमेशा बढ़ता रहा और धीरे-धीरे में अपने लक्ष्य तक पहुंच गया। मेरी इच्छा हमेशा से रही थी कि मैं अभी एक डॉक्टर बनुं। लेकिन मेरे को कोई सपोर्ट नहीं मिलने की वजह से मैं डॉक्टर नहीं बन पाया इसी वजह से मैंने अपना सोशल वर्क जारी रखा और अपना समाज सेवा करते हुए सोशलॉजी पर रिसर्च करने लगा मैं ऐसे ही समाज में घूमता था। और अपना अपने कार्य को करता था।और मैं आज अपने काम में सफल हो चुका हूं, इस प्रकार में एक समाजशास्त्री और एक अच्छा लेखक बनने की कोशिश कर रहा हूं। आज मैं अपने

लेखक परिचय

दम पर कुछ करके मुझे वह मुझे बहुत अच्छा लग रहा है। हालांकि मेरा जीवन काफी संघर्ष से भरा हुआ है।मैंने बचपन से ही अपने जीवन में अनेक संघर्ष किए हैं।मैंने बचपन से किताबों से प्रेम किया है, मेरी पहली दोस्त और पर हमेशा से मेरी किताबें रही है। मुझे पढ़ने का शौक है और गाने सुनने का शौक है और घूमने का शौक है, लिखने का शौक तो मुझे अब जाकर हुआ है। मुझे अपने देश हिंदुस्तान और अपनी भाषा हिंदी से बहुत अधिक प्रेम है, मै बहुत अधिक अंग्रेजी जानता हूं, लेकिन मैं हिंदी में ही बात करता हूं। मैंने कई बार सोचा कि मैं हायर स्टडी करूं और प्रोफेसर बन जाऊं लेकिन पैसे ना होने की वजह से और आर्थिक सपोर्ट ना होने की वजह से मैं प्रोफेशन नहीं बन पाया। लेकिन मैं अपने काम में लगा रहा और अपनी मेहनत और अपने प्रयासों के दम पर मैं आगे तक पहुंच गया हूं। लेकिन मैंने जिंदगी में कभी हार मानना नहीं सीखा और ना ही असफलता को स्वीकारा है। इंसान को हमेशा अपने जीवन में सीखते रहना चाहिए। और मेरा ही मानना है कि सीखने की कोई उम्र नहीं होती है, इंसान को जहां से भी जो कुछ भी मिले उसे हमेशा सीखते रहना चाहिए और हमेशा अपने अंदर कुछ ना कुछ सुधार करते रहना चाहिए।

Date:- 01/12/2022

प्रस्तावना

यह पुस्तक सामाजिक हित को ध्यान में रखते हुए और दूसरों की सुविधा के लिए लिखी गई है। ताकि दूसरों को मोटिवेशन मिल सके और वह अपने जीवन में कुछ कर सके मुझे भी अपने जीवन में कुछ ना कुछ करने के लिए कोई ना कोई उलझन और साथी मोटिवेट करता रहता है। इस पुस्तक में धर्म समाज अध्यात्म राजनीति समाज शौर्य आदि क्षेत्रों से संबंधित ज्ञान विज्ञान की बातें समाहित है। मैंने उनको सत्या के द्वार तक पहुंचाने का काम किया है। कुछ लोग अपने निजी स्वार्थ के लिए आप लोगों को सफल होने से रोकते हैं। हमेशा जो वास्तव में अपने होते हैं, वही हमारे मुसीबत में हमारा साथ देते हैं मुझे भी कुछ लोगों ने मुसीबत में मेरा काफी अच्छा साथ दिया है। जैसे :- डॉक्टर प्रदीप।

मैं उनकी मदद से काफी कुछ कर पाया हूं, उनकी वजह से मैं एक किताब को लिखने में भी साथ सफल हो पाया हूं, मैंने अपने जीवन में काफी संघर्ष किया है। और मैंने अपने जीवन के संघर्ष के आधार पर अपने सामाजिक जीवन के आधार पर ही, अपने ज्ञान के होते हुए अंशदान जीवन का अनुभव को इस किताब के माध्यम से दर्शाने की कोशिश की। ताकि लोगों उसे अपने जीवन में ला करने के लिए अपने सपने साकार कर सकें और अपने जीवन में सफलता प्राप्त कर सके। इस किताब को लिखने का उद्देश्य किसी को कोई ठेस पहुंचाना नहीं है, और इसमें ऐसी कोई भी बात नहीं लिखी गई है, इस किताब का एकमात्र उद्देश्य लोगों को जीवन को बदलना है, ताकि लोग-बाग अपने जीवन में अच्छा काम कर सके और उनमें सामाजिक ज्ञान के प्रति रुचि पैदा हो सके ताकि उनके ज्ञान में वृद्धि हो और भी इस पुस्तक को पढ़कर कुछ धार्मिक और सामाजिक अनुभूति अपने जीवन में लाने की कोशिश करें। धार्मिक पाखंड जातिवाद तथाकथित राष्ट्रवाद, संप्रदायिकता, कट्टरवाद, अंधभक्ति, परिवारवाद, पूंजीवाद आदि सामाजिक बुराइयों को त्याग कर हमें एक सच्चा और अच्छा इंसान बनने की दिशा में कदम उठाना चाहिए और मैं समानता ऐसा

प्रस्तावना

सभी को करना चाहिए।
Date:- 01/12/2022

भूमिका

प्राचीन काल से मानव समाज में अनेक बदलाव आते रहे हैं। यह बदलाव का दौर बिगबैंग से शुरू होता है। इसके बाद पृथ्वी का निर्माण हुआ। अंत में इस इंसान ने इस विकास की दौड़ में आधुनिक इंसान का रूप धारण किया। धीरे-धीरे पूजा-पाठ का चलन कुछ ज्यादा ही बढ़ गया। कुछ लोगों ने आर्थिक और सामाजिक लाभ के लिए पूजा को अपना अंदाज़ धंधा बना लिया। अंत में एक ऐसा दौर आया जब पूजा करने के लिए अलग-अलग धर्म बन गए। क्या ईश्वर ने पृथ्वी का निर्माण इसलिए किया। ताकि सभी लोग एक दूसरे को मार कर खुश रहे शायद नहीं क्योंकि यह तो पूर्ण रूप से स्वार्थी मनुष्य के द्वारा कल्पित परिणामों का फल था। अंतरंग समाज को सही दिशा में देने के लिए तमाम विद्वान समय-समय पर आते रहे एवं अनुभव राजवंशों के प्रमुखों को भी सही रास्ता दिखाते रहे। कुछ लोगों के विचार मान लिए गए और कुछ लोगों को मार दिया गया। मृत्यु को प्राप्त होते देख लोग अपने बादशाह को छोड़कर चले गए। वह आज तक गलत साबित नहीं हुआ है,और शायद होगा भी नहीं। क्योंकि वह कोरी कल्पना और उन लोगों के द्वारा महसूस किए गए अनुभवों का परिणाम था। उन्होंने चीजों को ढंग से बदला नहीं था। वे किसी धर्म या ईश्वर को स्वीकार या अस्वीकार नहीं करते थे। इस प्रकार से अध्यात्म को हम एक वैश्विक धर्म कह सकते हैं, जो पूर्ण समाज को एक समाज के रूप में संगठित करने का सामर्थ्य रखता है। धर्मनिरपेक्षता को एक देश के रूप में और सभी देशों के रूप में परिभाषित करता है। आज विज्ञान और प्रौद्योगिकी के युग में लोगों की ताकत का एहसास होने लगा है। शायद तुम लोगों के जीवन को बदल सकते हो, इस इस पुस्तक में समाज के बारे में भी लिखा गया है। या पुस्तक समाज को समर्पित है। इस पुस्तक के माध्यम से समाज में फैली बुराइयों को दूर करने का कार्य किया गया है, इसमें सत्य की खोज और समाज के ज्ञान को प्रसारित किया गया है।

Date:- 01/12/2022

1
ख्वाहिश

यह कहानी उन दिनों की है जब नीलम के मन में कुछ विचार उठने शुरू हुए थे और नई भावनाएं जागने लगी थी और वह प्रतिदिन एक अजीब सा आकर्षण महसूस कर रही थी। स्कूल के दिनों की बात है जब मैं हूं और नीलम, उसकी सहेली भी मुझ पर मरती थी। थी मैं भी शायद उन्हे पसंद करता था और जब भी मैं कॉलेज जाता था, तो हर तरफ नजरें शायद उसे ढूंढती थी। मैं जब भी उस स्कूल में जाता था। तो मैं अपने दोस्तों से व लड़कियों से बस उसके बारे में पूछता था। मैं मजाक वाला इंसान था, इसलिए मैं सभी लोगों से प्यार से बातें कर लेता था। मैं अक्सर कामकाज की वजह से स्कूल कम ही जाता था। परंतु उससे बात करने के मिलने की ख्वाहिश मेरे मन में दिन प्रतिदिन बढ़ती जा रही थी। मैंने कई बार उनका नंबर अपने दोस्तों से भी लेने की कोशिश की परंतु किसी ने उसका नंबर नहीं दिया। इसलिए मैं कोशिश कर कर के थक चुका था। कि अचानक स्कूल या कॉलेज से फोन आता है कि कॉलेज में 7 दिनों का एनसीसी कैंप लगाया तो मैं उससे मिलने की उम्मीद लेकर अगले दिन सुबह से मन बनाकर कॉलेज चला था। और वहां जाकर मैं अपने दोस्तों से जाकर गप्पे मारने लगा और सभी का मनोरंजन कर रहा था। अचानक नीलम की आवाज आने पर दिल की धड़कन रुक गई और मैं स्तब्ध होकर मानो दूसरी दुनिया में पहुंच चुका था। उसके आवाज लगाते हैं मैं चमक से उठ आया। क्योंकि उससे बात किए बिना मेरा

दिल नहीं लगता था। मैं उसके सामने चुप्प ही रहता था। क्योंकि मुझे अक्सर उसकी बातें सुनना अच्छा लगता था। मैंने कई बार उसे अकेले में मिलने की कोशिश की परंतु हमारी कहीं आपस में कोई बात नहीं हो पायी। शायद मुझ पर क्लास में सभी लड़कियां मरती थी, परंतु मैं सभी सिर्फ नीलम का ही दीवाना था और मैं यह बात की लाश और अपने सभी दोस्तों को बता रखी थी। कि उस दिन वह दिन हरे रंग के सूट सलवार पहन कर आई थी और मैं उसे देखता ही रह गया वह दिन मुझे आज भी याद है मैंने उस दिन भी उससे बात करनी चाही, परंतु उससे बात नहीं हो पाई । वो ज्यादा गर्म स्वभाव की थी इसलिए मुझे उससे डर लगता था मैं जब भी उस के काफी करीब जाने कोशिश करता था, मैं डर जाता था। वैसे प्राकृतिक रूप से शायद मैं उसे पसंद करने लगा था यह सब फिलिंग अक्सर इंसान को प्यार में की तरफ ले जाती है। और इसलिए वह भी मुझसे डरती थी क्योंकि मैं भी लड़कियों को अपने आसपास भी नहीं फटकने देता था। मैने उनसे इतनी बातें नही करता था। मैने उसके बारे में अपने दोस्तों से बातें की ।लेकिन जो भी हो लड़की कड़क थी, उसकी एक और फ्रेंड जिसका नाम था महिमा वह भी थोड़ी सुंदर और उच्च लेवल की लड़की थी मैंने उस पर ज्यादा कोशिश नहीं की थी। इसलिए कभी कभार उससे बातें हो जाया करती थी। मैंने पेपर में भी उसकी मदद की थी, मैंने उसे संस्कृत का पेपर कराया था। शायद मुझे पता ही नहीं था कि वह मुझे पसंद करती है या नही । अब मैंने नीलम का पीछा करना बंद कर दिया था। लेकिन एक उम्मीद कभी भी बाकी थी। कि वह मुझसे कोई एक दिन अवश्य बात करेगी। काफी दिनों तक इन लड़कियों के बारे में गहराई से सोचता रहा। तो फिर भी कोई हल नहीं निकला तो उसके बाद मैंने एक अन्य लड़की लड़की जो हमारे कॉलेज में थी उसे मनाने की कोशिश की थी। मैंने सोचा चलो उसका नंबर ले लेते हैं परंतु उसने अपना नंबर नहीं दिया इसलिए मैंने उस पर भी कोशिश नहीं की, इनमें से आगे निकल गया और मैं फिर अपनी दुनिया में वापस लौट गया इसके बाद मैंने कोई भी किसी भी लड़की को ट्राई नहीं किया और मैं अपना हंसी मजाक वाला इंसान था। कभी कबार हंसी कर लेता था जब भी मौका मिलता था, आज के बाद मैंने अपना रास्ता बदल दिया

और आने वाली परीक्षाओं की तैयारी में जुट गया लेकिन मन और बेचैन और दिमाग परेशान रहता था। इसी बीच में हर रोज अपने दोस्त से बातें कर लिया करता था। परीक्षा के दिन नजदीक आ गए थे। और जल्दी हमारी परीक्षा आ गई। और फिर मैंने अपने दोस्त को फोन किया और अगले दिन मैं फिर कॉलेज में रोल नंबर लेने के लिए चला गया। दोस्तों से कुछ बातें करके मैं फिर वापस अपने काम पर लग गया। परीक्षा के बारे मे मैं सोचता रहता था। और हमने काफी मनोरंजन किया और फिर मैं वापस घर आ गया। परीक्षा खेकड़ा केक इंटर कॉलेज में थी। और मेरी एक आदत थी पेपर में मैं अंतिम क्षण पर ही प्रवेश करता था और क्लास के अन्य बच्चे मुझे देखते रहते थे। पहले पेपर जैसे ही खत्म हुआ तो हम सब अपनी अपनी किताब लेकर डरे हुए से घास के मैदान पर बाहर कॉलेज के बाहर स्टेशन पर आकर बैठ गए और अचानक बारिश आ गई मौसम के साथ मेरे दिल में बैठे थे। और मैं अपने दोस्तों से अपना अपना फोन नंबर निकाल कर सेल्फी खींचने लगा और हम सबको भूख लगी। तभी हमने खाना खा लिया और फिर मेरा दोस्त प्रिंस,नितिन और हारून हम सब पढ़कर अगले पेपर के लिए जाकर कमरे में बैठ गए और पेपर देकर बाहर आते ही मैं और मेरे दोस्त अपने घर वापस आ गए और रात को मैंने अगले दिन पेपर की तैयारी करके फिर मैं प्यार भरी सुनहरी यादों में खो गया और पढ़ते-पढ़ते नींद आ गई। सारे पेपर खत्म होते कुछ दिनों बाद हमारे कॉलेज का एक और टूर आ गया और मैंने उसके लिए मना कर दिया क्योंकि कुछ दिनों तक मैं अपने प्यार यादों में खोया रहता था। इसलिए मैं नहीं समझा इसके बाद मे मैंने क्लास से अवकाश लिया। लेकिन मेरी इच्छा आज भी होती है बात करने की अपने प्यारे दोस्त से ।

2
आँचल

घर के आंगन में खेलती हुई लड़की बड़ी सुंदर लग रही थी और उसकी मां ममता उसे एकटक निहार रही थी। सर्दियों के मौसम में सर्दियों के मौसम में आंचल जैसे ठिठुर रही थी और धीरे से उसकी मां अगर उसके पास बैठ गए और वह अपनी बेटी के साथ खेलने लगी और वह अपनी बेटी को लोरी सुना कर सुला देती थी। रोज की तरह आज भी उसने उसे लोरी सुना दी थी, एक मां आंचल को घर में न पाकर एक दिन वह परेशान हो गई और उसे ढूंढते बाहर जाकर गार्डन में जा बैठी तो देखा वह कन्या बच्चे के साथ खेल रही थी और उसकी मां ममता गुस्से से उसे वहां से ले गई और उसको दूध पिला कर सुला दिया। अगले दिन आंचल के घर में उसके दादाजी उसके गांव से आ गए और आंचल हर रोज उनके साथ खेलने निकल जाती थी। अब वह पहले से ज्यादा खुश रहने लगी थी और फिर उससे मिलने उसका दोस्त आ गया और खेलते खेलते दोनों में गहरी दोस्ती हो गई, देखते-देखते काफी वक्त बीत गया। और एक स्कूल में दाखिला करा दिया गया उसका दोस्त भी वहीं पढ़ता था और एक दूसरे दोस्त को देखकर बहुत खुश हो गए और जल्दी ही एक दूसरे से मिल गए और आप उनमें गहरी दोस्ती हो गई थी वह बात बात पर गुस्सा हो जाती थी और आंचल का दोस्त उसे मनाता रहता था। उसकी कोई अन्य बहन नहीं थी। एक दिन आँचल के घर पर ही पार्टी चल रही थी कि अचानक से आकर उसके दोस्त ने इशारा कर दिया। आँचल अब

बड़ी हो चुकी थी, शाम को दोनों पार्क में घंटों तक बैठकर बातें करते रहते थे। कुछ ही दिनों में भी दोनों एक दूसरे से प्यार करने लगे थे। उस लड़की की मुस्कान बड़ी अच्छी थी। सब लोग हमेशा कहते थे। उसकी मां ममता जैसे भागती घर से बाहर आए और आंचल को मुस्कुराते हुए कुछ बताने की कोशिश की कि कल उसका भाई छुट्टियों में उसके पास उससे मिलने आ रहा है। कि मानो जैसे आंचल के पैर खुशी से उछल पड़े और वह इस बात को बताने के लिए अपने दोस्त के घर चली गई और फिर शाम को मैं दोस्त के साथ खेलने पार्क में चली गई और फिर शाम को वह अपनी मां ममता के आंचल में जाकर सो गए और वैसा कुछ ज्यादा ही प्यार करती थी। इसलिए अपनी मां को छोड़कर नहीं जाती है। वह उसके साथ खाना खाने लगी उसे अपनी मां के साथ बैठकर खाने के लिए खुशियां लेकर आए और उसे अपने पुराने दिन याद आ गए। उसका पति नहीं रहा था, उसे काफी वक्त हो गया था। फिर भी उसकी कुछ सुनहरी यादें ममता के जेहन में बसी रह गई थी अगले ही क्षण उसे लगा कि मानो वह किसी सपने में हो और वह आँचल को देखकर अपने कमरे की तरफ गई और फिर उसने अपने बिस्तर पर लेट कर पुरानी यादों को सुनहरे सपनों के साथ मनाया और अपने पति की फोटो देख कर सो गई। परंतु उसने पड़ोस में कोई आ गया और उनके घर आता जाता रहता था। कि उसे महसूस हो रहा था। उस दिन जब ममता की साड़ी का पल्लू नीचे गिर गिरा उसे देखता जा रहा था। कि अचानक फिसल कर मैं ममता के ऊपर आ गिरा उसका थोड़ी देर में ही वह अलग हो गए और पड़ोसी भी सामान लेकर चला गया। आंचल के आने का वक्त हो गया था। फिर उन दोनों ने एक साथ बैठकर सिनेमा देखा और बातें करते हुए सो गए लेकिन ममता को इस वजह से पूरी रात नींद नहीं आ पाए और उसकी आंखों के सामने वे दृश्य आ रहे थे और वह मानो एक दूसरी दुनिया में जा रही थी और फिर उसे नींद आ गई और अगले दिन वह नहीं साड़ी और ब्लाउज में अपने पड़ोसी के घर गई और जैसे ही उसका पल्लू गिरा तो वह चौंक गया और वह उसके लिए चाय बनाकर लाया और उसकी तरफ देखता ही रह गया उसने उनसे बातें करने के लिए बहाने ढूंढने लगा। और वह उस आंटी ममता को प्रसन्न करने लगा था। कि वह भी उसे प्यार करने लगी

थी। उधर आँचल अपने दोस्त के प्यार के चक्कर में सब कुछ भूल चुकी थी। अगले दिन ममता पड़ोसी से मिलने के लिए चले गए। जब मां स्कूल चली गई थी और उसने आज चाय खुदी बनाई और आज मैं ममता को देखता रहा और उन दोनों ने खूब मनोरंजन किया और अपने बच्ची के लिए एक पिता की कमी महसूस की और उसने जल्दी अपनी जिंदगी को हरा-भरा करने की कोशिश की और उसकी अपनी बेटियां ने उसके बारे में कुछ जवाब नहीं दिया। एक दिन पड़ोसी से शादी के लिए हां कर दी थी और अपने अपने दोस्त से मिलने के लिए चली गई और उसने यह बातें अपने दोस्त को बताई तो उसने भी हां कर दी और जल्दी उसकी मां ने उसे शादी कर ली और अब यहां के रखना चाहता था और फिर उसने जवान होते देख कर उसकी शादी करने के लिए गांव में चली गयी। वह अपने प्यार की यादों में खोई हुई थी और बच्चों के साथ मस्ती कर अपने दोस्तों के साथ अपने गांव को देखने के लिए और कुछ ही दिन बाद वापस आ गई तथा अपनी जिंदगी को एक नई दिशा देने के लिए अपनी जिंदगी में प्रवेश करने के लिए जल्दी अपनी दोस्ती को रिश्तेदारी मे बदलने की तैयारी शुर कर दी और कभी - कभी अपनी मां से मिलने चली जाती है।

3

कुछ बिखरे पन्ने

बात उन दिनों की है जब मैं टीचर बनने की तैयारी में था। तू मेरी एक लड़की से किसी बात पर बहस हो गई थी। तो मैंने लड़कियों की तरफ ध्यान देना बंद कर दिया था। और मैं अपनी नौकरी के लिए पूरे मन से किताबों को पढ़ने लगा था। मैंने कुछ दिनों बाद कोचिंग क्लासेज भी लेनी शुरू कर दी थीI कोचिंग में भी मुझे कोई लड़की खास नहीं लगी और वैसे पढ़ाई पर ध्यान दे रहा था। तो उन दिनों मेरा एक दोस्त समीर अपनी पढ़ाई में व्यस्त था उसका उसकी लाइफ में कुछ हलचल चल रही थी। इसलिए उसने अपने पड़ोसी से तकरार कर रखी थी मैं उसके साथ एक अजीब घटना हुई थी। कि उसके अंडकोष में पानी उतर गया था। और वह अपना ऑपरेशन कराने के लिए इधर-उधर पर भटक रहा था। उसने एक अड्डे पर एक फार्म भरने की दुकान नहीं खोली थी। और मैं भी अक्सर उसकी दुकान में बैठकर स्कूल की लड़कियों को देखता रहता था। तो मैं वहां इंटरनेट चलाता रहता था, क्योंकि मैं जिस लड़की फिदा हो गई सर के कारण नहीं कर पाई फिर भी मैं हूं तेरा सर बातें करता रहता हूँ । जब मैं कहीं गर्मी के मौसम में भी उसे कई बार बात करने की कोशिश की लेकिन बात नही हो पायी। और उसके ख्यालों में खोया रहता था। मेरी तबीयत खराब हो गई और मुझे ज्यादा सोच की वजह से नींद आने बंद हो गई और मैं दिल्ली के पास अस्पताल मे दवाई लेने चला गया। मैं कुछ धीरे-धीरे ठीक हो गया और फिर से अपने काम पर लग गया। इसी

बीच में अपने पुराने दोस्त से शनिवार को बाजार में मिलने जाता था। मैं उससे भी थोड़ी बातें कर लेता था। फिर कोचिंग में मुझे सभी बच्चे जानते थे। क्योंकि मैं वहां भी काफी प्रसिद्ध हो गया था। क्योंकि मैं हमेशा से प्रसिद्ध रहा हूं। सभी बच्चे मुझे शास्त्री जी कहकर बुलाते थे। क्योंकि मैं केवल हिंदी और संस्कृत की क्लास लेता था कभी-कभी मैंने टीचर की भी बोलती बंद कर दी थी। मै सप्ताह मे दो-तीन दिन एक क्लास लेता था। जिस दिन संस्कृत की क्लास होती थी। मेरे कई दोस्त भी बन गए थे, मैं उनके साथ भी ऐसे मजाक कर लेता था। बस ज्यादा कुछ नहीं लड़कियों के दर्शन हो जाते थे। इसी आशा में मैं अक्सर पढ़ने चला जाता था। क्योंकि घर में पढ़ पढ़ कर मैं थक चुका था। और मेरे दोस्त भी कह रहे थे कोचिंग कर लेते अच्छा रहेगा इसलिए मैंने नई किताबें भी खरीद ली। जो आज भी करके रखी है। फिर मैंने रात-दिन एक करके लगा किताबों से अच्छी तैयारी करके अपनी सीटेट की परीक्षा पास करके इसके बाद में अपने लेखन की कला में लग गया और मैंने कई किताबें लिख कर रख दी। क्योंकि उन्हें प्रिंट करवाने के लिए भी पैसे नहीं थे। इसलिए मैंने एक नई किताब शुरू की अंग्रेजी में उसमें कभी-कभी स्टोरी लिख लेता हूं। उसके बाद मैंने सोचा कि लेख खराब है तो मैंने लिखना बंद कर दिया और कुछ समय बाद मैंने फ् फिर से एक किताब लिखी जो आप पढ़ रहे हैं, क्योंकि मेरे मन में इच्छा जागृत हो चुकी थी। और मैं अपने दोस्तों से अलग होकर स्वयं अपने लक्ष्य को पूरा करने निकल चुका था। इसके बाद भारत में लोक डाउन लग गया और पूरी दुनिया में मुश्किल से आ रहे थे और मैं शांत बैठा था। मैंऔर मेरा दोस्त काम की तलाश में निकल पड़े।

4

बचपन की यादे

बहुत दिनों की बात है। जब निशा अपने स्कूल में छुट्टियों में अपनी मां के साथ गांव आ रही थी। वह ट्रेन से आयी। उसके मां-बाप गांव में रहते हैं। तथा खेती-बाड़ी करते हैं, तो उसको अपने गांव पहुंच कर अपने बचपन की सुहानी यादों के एक तस्वीर नजर आती है। इस प्रकार के अपने घर पहुंच जाती है। कि किस प्रकार वह अपने पुराने दोस्तों के साथ खेला करती थी। वह सब अब जवान हो चुके थे। तो उसे उनके साथ खेलने में शर्म आती थी, क्योंकि वह जवानी के जोश से भरपूर दे गयी थी। उसे अपने दादाजी का बताया गया खजाना याद आ गया और वह अपने दोस्तों के साथ खजाने की तलाश में निकल पड़ी और वह अपने पुराने घर में पहुंच गई अब दिन उन दिनों बरसात का मौसम चल रहा था। तो अचानक बरसाने से सभी गीले कपड़ों में अंदर प्रवेश करते हैं।और सब यहां से लाकर अपने आप को छुपाते हैं। इसी बीच कुछ लोग खजाने की तलाश करना शुरू करते हैं। और इसी बीच निशा को प्यार हो जाता है तथा वह सपनों में खोई लगती है उसकी आंखों मे नींद आ जाती है, तथा सपना देखते हैं कि वह अपने दूर कहीं किसी हिल स्टेशन पर घूम रही है। इसके बाद वह जाग जाती है और खजाने की तलाश में जंगल में चले जाती है और निशा व उसके दोस्त दोनों में प्यार भरी बातें होती है। वहां पर निशा सांप को देखकर डर जाती है, और पैर फिसल कर शंकर की बाहों में चली जाती है। और फिर मौका देकर एक लंबा सा चुंबन करते

हैं। और फिर उन दोनों की बाकी टीम सदस्य तक पहुंचने तक भी भरपूर मजा करते है। रात को भी सभी पूरा एक पुरानी झोपड़ी में सो जाते हैं। फिर भी वह जल्दी खजाने तक पहुंच जाएंगे। इसी बीच उनके गांव में एक शादी हो जाती है। तथा वे वापस गांव में लौट जाते है तथा शादी का जमकर मजा लेते हैं। तो वे सभी लोग खजाना न मिलने के कारण अपने काम पर लौट जाते हैं। निशा भी अपने प्रेमी को अपने आंचल में छुपा लेना चाहती थी। और इसलिए वो बिना शर्माए तो उसे सब कुछ कहने लगी। अब शायद उन्हें एक दूसरे से प्यार हो गया था और इसी बीच उसे उसका बचपन का दोस्त मिल जाता है। तब यह दोनों अपने कुछ दोस्तों से मिलकर अपनी पुरानी यादों में खो जाते हैं। इसी बीच उसे अपनी मां की याद आ जाती है, और वह शंकर के साथ दोस्त से मिलने चले जाते हैं, और अपने गांव में खूब मस्ती करते हैं इसी बीच में अपने पड़ोसी गांव में मेला लगाया है, पता चल जाता है। तथा वे सभी लोग मेला देखने चले जाते हैं। और वे मेले का भरपूर आनंद लेते हैं। इसलिए मैं कुछ दिन के लिए वहीं रुक जाते हैं। और अपने खजाने की तलाश में निकल जाते हैं। और वे सारा गांव छान मारते हैं। इसलिए उन्हें कुछ याद कर नहीं रहता कि वह कहां आ गए। इस प्रकार भी सभी लोग एक जंगल में भटक जाते हैं। तब यह सब एक दूसरे को ढूंढ तेरे पूरे जंगल में भटकते रहते हैं। इसी बीच में एक सांप डस लेता है। तभी उस लड़की को लेकर जंगल में एक साधु के पास चले जाते हैं। वह बाबा उसका इलाज करता है तथा परिवार ठीक हो जाती है। और वे धीरे-धीरे सब लोग आपस में मिल जाते हैं। फिर उन्हें पार्टी के पीछे एक बंदे नजर आता है और वे जंगल के रास्ते उस मंदिर में पहुंच जाते हैं। वहां पर उन्हें काफी तलाश के बाद खजाना नहीं मिल पाता। तो भी वे आगे की तलाश में निकल जाते हैं। फिर मेले जाते हैं तथा मेला देखकर सभी अपने कमरे पर वापस चले जाते हैं। ऐसे ही सब अपने दोस्तों के पास चले जाते हैं। दोनों सो जाते प्यार भरी बातें और अगले दिन में चले जाते आज कुछ नहीं मिल पाता। सुबह से शाम हो जाती है तथा विश्राम करने चले जाते हैं अगली सुबह के मेले में चले जाते हैं तथा सभी जगह तलाश करते हैं परंतु ने खजाना न मिल पाने के कारण भी काफी निराश हो जाते हैं और सभी लोग मेले में गोलगप्पे

को मिठाई खाते हैं उसी में तूफान के कारण काफी दिक्कतों का सामना करना पड़ता है तथापि उन्हें भारी मशक्कत के बाद वह खजाना मिल जाता एक मूर्ति के खिसकने से और वे सभी अपने घर जाकर खजाने का बंटवारा कर लेते हैं।

5
संध्या सुहानी

एक समय की बात है जब मैं काफी परेशान था। तो मैंने बहुत सोच विचार किया। उस दिन बहुत से लोग मुझे दिन भर में मिले थे। लेकिन मेरे मन में कुछ चल रहा था। फिर मैं अपने दोस्त के पास चला गया और मैंने उससे काफी सलाह ली। तो उससे काफी समझाने पर मैं समझ गया। लेकिन जब वह अपने घर से बाहर रहने के लिए चला गया। तो मुझे एक बात काफी परेशान कर रही थी। मैं इन दिनों कुछ ज्यादा बोल रहा था। तो लोगों से मेरी लड़ाईया बहुत जल्दी हो जाती थी। इस पर मैंने उससे फोन पर भी बात की तो उसने कहा कि मुझे भी ऐसी बीमारी हो गई थी। कुछ नहीं यार ये तो ऐसी ही बात है। डॉक्टर के पास जा नींद आ जाएगी। तो मैंने कहा मैं दवाई खा रहा हूं फिर भी तुम अगर बोल रहे हो तो मैं एक बार चला जाता हूं और मैंने दवाई लेनी शुरू कर दी। काफी दिनों बाद मेरी हालत कुछ सामान्य हुई। लेकिन मैं अपनी इस बीमारी की वजह नहीं जान पा रहा था। इस बार मुझे दवाई खाते खाते काफी लंबा समय हो गया था। तो फिर मैं मैंने उस पताल बदला और मुझे कई महीनों बाद कुछ आराम मिला और फिर मैं अपने काम पर लग गया। इस बार मैं और मेरा दोस्त कुछ काम करना चाहते थे। लेकिन हम दोनों कुछ नहीं कर पा रहे थे। मेरा एक दोस्त विक्रांत हमें अड्डे पर मिला। मैं और हेमंत, विक्रांत तीनों आपस में मिलकर बातें करने लगे फिर हमने मिलकर केले खाए। तो उस दिन मुझे अपने स्कूल के पुराने दिन याद

आ गए कि कैसे हम सब लोग क्लास में शोर मचाया करते थे। तथा हम टीचरों को परेशान कर देते थे। उन दिनों बहुत मजा आता था। मैं अपने दोस्तों के साथ आगे बैठकर सब देखता रहता था। वे लोग पीछे बैठकर अजीब अजीब हरकत करते रहते थे। हम लोग सब मिलकर एक दूसरे की मजाक उड़ाते रहते थे। इसमें सभी दंगा करने वाले बच्चे शामिल थे। हर दिन किसी न किसी के साथ कुछ अलग होता था। विनीत मयूर, आर्यवर्त इन तीनों में गहरी दोस्ती थी। और क्लास में हमेशा दंगा करते रहते थे, इन सबके साथ हम भी मजा लेते थे। ये अक्सर लड़कियों को छेड़ते रहते थे और बात बात पर पेशाब करते रहते थे इनके साथ कुछ छात्र और भी थे। जो अक्सर बाते करते रहते थे। इसके साथ ही साथ हम लोगों की प्रिंसिपल मोटी काफी सख्त थी। वह शरारती बच्चों को बहुत ज्यादा पीटती थी। अभी भी वह बड़ी खतरनाक है, उससे स्कूल के सभी बच्चे डरते हैं। एक दिन मेरे भी पैसे को गए थे, तो उस दिन मैंने मैडम को बता दिया तो पैसे तो मिल गए परंतु मेरी बहुत ज्यादा पिटाई हुई। उसके बाद में बाथरूम चला गया और पानी पीकर वापस क्लास में चला गया। मैं अक्सर उससे(मैडम से) बचकर रहता था। क्योंकि मेरा सभी काम पूरा होता था। कुछ बच्चे तो उसकी मार खा खाकर सुधर गए। लेकिन कुछ लोगों ने ध्यान नहीं दिया और भी अपनी जिंदगी से परेशान होने की भाग दौड़ में उलझे हुए हैं। मेरे पुराने दोस्त सभी सरकारी नौकरी करते हैं, उनसे अक्सर फेसबुक पर बात हो जाते हैं। लोग अक्सर मेरा . हालचाल पूछते रहते हैं। आप सभी लोग अपनी जिंदगी में उलझे हुए हैं। कुछ दोस्तों के तो दो-दो बच्चे तक हो गए हैं। लेकिन मेरे कोई दोस्त कभी भी मिल जाते है .....

तो मेरे बारे में पूछते रहते हैं कि मैं क्या आजकल क्या कर रहा हूं, काफी टीचर मुझे जानते हैं। अभी भी मेरे बारे में किसी लोगों से पता कर लेते हैं। क्योंकि मैं किसी को वक्त नहीं दे पाता हूं और ना ही मैं अपना नंबर चालू रखता , मैं समय-समय पर फोन बदलता रहता हूँ। क्योंकि मैं एक फोन को ज्यादा दिनों तक नहीं अपने पास रख पाता। मुझे गाने सुनने का शौक है। और खाली समय में पढता हूँ। तो उसमें से प्रकार की पढ़ाई आ जाती है। मैं अक्सर अपने पुराने दिनों को याद करता रहता

हूँ। उस वक्त में बहुत ही साधारण रहता था। मैंने कभी भी शीशा तक नहीं देखा। मैं आज भी शीशे मे कई दिनों तक नहीं देखता। हम सभी लोग अपनी दुनिया में खोए रहते थे। कुछ लोग जिंदगी को हल्के में लेते है लेकिन मैंने कभी भी हल्के में नहीं लिया। मैंने कई साल तक ट्यूशन भी पढ़ाया और स्कूल में भी कई साल से पढ़ाता आ रहा हूँ लेकिन मुझे अक्सर स्कूल बदलते रहना पड़ता है। क्योंकि वह बहुत सी लड़कियां मुझे परेशान करती है, इसी बीच मैंने कई नए स्कूलों में बात कर रखी है लेकिन पिछले साल से स्कूल निबंध चले इस प्रकार में जल्दी न्यू स्कूल में जाने वाला हूं।

6

सुहाना सफर

काफी समय की बात है उस दिन बहुत सारे लोग अपने जीवन की लंबी यात्रा करने के लिए निकले। परंतु जैसा हम चाहते हैं सब कुछ वैसा नहीं है इस दुनिया में। क्योंकि सब कुछ अपनी प्रकृति के नियम अनुसार ही चलता है। हम लोग कभी-कभी अनजाने में बहुत सारी गलतियां कर बैठते हैं। लेकिन यह दुनिया सत्य पर ही टिकी हुई है मैं भी उन लोगों की कतार में चल रहा था। रास्ता बहुत छोटा था मगर वह लम्बा लग रहा था। काफी लंबी यात्रा के बाद जब एक अरसा गुजर गया। तब पता चला कि वास्तविकता में कुछ नहीं है। यह दुनिया मात्र कल्पना से परे है। यहां पर हर कोई अपने मजे के लिए दूसरो का इस्तेमाल कर रहा है, लेकिन पहले ऐसा नहीं होता था। क्योंकि आज के जमाने में लोग ज्यादा नीच प्रकृति के हो चुके हैं। मानो जैसे इस यात्रा के लिए एक- एक पल सदियो के बराबर है। इस प्रकार हम कह सकते हैं कि झूठ की दुनिया में सच का मानो जैसे वजूद ही नहीं है। क्योंकि आधुनिक दुनिया हमारी कल्पना से परे है। इसी कारण आज का मनुष्य अपने प्रतिद्वंद्वियों को निंदा के बाण में बंद कर हंसने में एक आनंद लेता है। इस सफर में मुझे और मेरे बाकी परिजनों को काफी नुकसान हुआ। जिसकी भरपाई करने मे मुझे और मेरे देश को काफी लंबा समय लग सकता है। ईर्ष्या मनुष्य का चारित्रिक दोष है क्योंकि यह आनंद में बाधा पहुंच जाती है। किंतु यह एक दृष्टि से लाभदायक भी हो सकते हैं। क्योंकि ईर्ष्या के अंदर प्रतिद्वंदिता

का भाव होता है। आजके समय में चारों तरफ ईष्यालु ही नजर आते हैं। आज मैं जहां भी जाता हूं। सभी मनुष्यों की भूखी निगाहें मुझे ढूंढ रही है। क्योंकि स्पर्धा से ही उन्नति के पथ पर अग्रसर होता है। और उन्नति चाहने वाले किसी की परवाह नहीं करते, ऐसे लोग हमेशा से ही लापरवाह होते है। आज केवल सभी लोग अपने बारे में सोचते हैं। हमें क्या लेना करते हो, सभी ऐसा करते तो आज मेरा देश भारत आजाद नहीं होता। हर लड़ाई को प्यार से ही जीता जा सकता है। रिजवी लाठी लेकर निकल पड़े थे सत्य और अहिंसा के मार्ग पर। परंतु फिर भी उन्हें अपने बचपन में नदी पार करके छः मील जाते थे, परंतु उन्होंने ऐसा नहीं किया आज की युवा पीढ़ी भटक गई है। हम कहीं ना कहीं अपने जीवन के लक्ष्य को नहीं पहचान पा रहे हैं, उन्हें अपनी जिंदगी का सही मूल्य नहीं पता है। जैसे कोई सियार मानो गुफा के अंदर फस गया उसी प्रकार आज की युवा पीढ़ी दलदल में फंसती जा रही है। उन्हें निकालने वाला कोई नहीं है। जब तक वह कुछ सीखने के लिए तत्पर नहीं होते। इस प्रकार हमें अपने जीवन में हमेशा अच्छे गुणों को ग्रहण करना चाहिए। बाकी सब समझदार है सबको पता है कि दुनिया में क्या चल रहा है। जिंदगी को मौत के पंजों से मुक्त कर उसे अमर बनाने के लिए आदमी पाठ करता है। मौत जीवन का कड़वा सत्य है सभी को एक न एक दिन मौत जरूर आनी है। इसलिए मौत से बहाने बनाना छोडो, बल्कि कुछ ऐसा करें कि मनुष्य की रचना अनंत काल तक स्थाई रहे। चिंता को लोग चिता कहते हैं, जिसे किसी प्रचंड चिंता ने पकड़ लिया हो उस बेचारे की जिंदगी खराब हो जाती है क्योंकि चिंता तो जिंदा इसान को ही जला डालती है। चिंतित मनुष्य का जीवन अत्यधिक हो जाता है। लेकिन वक्त उसे बुरा वक्त इग्नोर कर देते उनको एक दिन और शांत होता है क्योंकि यात्रा सुखद यात्रा समाप्त हुई है, आज भी सब कुछ बदल गया है सभी अपने कार्य में लगे हुए हैं।

7
जीवन का रहस्य

इस जीवन का रहस्य बड़ा ही अजीब है। जो आज तक कोई नहीं पता लगा पाया, शिवाय भगवान के। इस दुनिया की शुरुआत कैसे हुई, कहां से हुई किसी को नहीं पता। क्योंकि ऐसा माना जाता है कि इस दुनिया की उत्पत्ति शिव के डमरू से हुई है शिव ही सत्य है, शिव सृष्टि के पालनहार है। लेकिन वैज्ञानिकों के अनुसार इस दुनिया की शुरुआत लगभग 50000 वर्ष पूर्व हुई थी। लेकिन इस दुनिया में सबसे पहले दो जीव आए थे एक नर व मादा। जिनके सेक्स के बाद एक नया जी उत्पन्न हुआ। अतः यह प्रमाणित हो चुका है कि इस दुनिया की शुरुआत सेक्स से हुई थी। और सेक्स पर ही खत्म होगी। क्योंकि इस दुनिया में मां से बढ़कर कोई नहीं है, मां को भगवान से भी बढ़कर स्थान दिया गया है या फिर यूं कह लीजिए कि इस दुनिया की शुरुआत एक मां से होती है और अंत भी एक मां पर ही है। इसलिए हमें मां बाप की सेवा करनी चाहिए। बड़ों का आदर करना और गुरुजनों को प्रणाम, छोटों को प्रेम, दोस्तों को सहयोग यह सब ही हमारी भारतीय संस्कृति है। हमारी सभ्यता और संस्कृति लगभग 5000 वर्ष पुरानी सभ्यता एवं संस्कृति है। जो कि विश्व की सबसे प्राचीन सभ्यता है, किसी ने ठीक ही कहा है -

"कांटो की नोक पर चलना मेरे जीवन की शैली है"।

मेरी दिनचर्या पर्वत से लेकर जंगल तक फैली है। पंडित जवाहरलाल नेहरू जी हमारे देश के पहले प्रधानमंत्री थे। इन्होंने गांधी जी से प्रेरणा

लेकर ही सत्य अहिंसा दया क्षमा समानता ममता आदि के रूप में उसी प्रकार पर आप उसी प्रकार आशीष प्राप्त था, जिस प्रकार जय श्री राम को वशिष्ठ का शुभ आशीष। नेहरू जी भी अपनी आन पर मिटने और संघर्षों से जूझने की शक्ति रखते थे। लेकिन उन्होंने कभी भी किसी से घृणा नहीं की। यह केवल क्षमा दया एवं शांति के पुजारी थे, कश्मीर का सौंदर्य नेहरू जी को पसंद था। वह दिव्य तत्वों से निर्मित अलौकिक पुरुष थे। उनके व्यक्तित्व के गुणों को रामकृष्ण के गुणों से संपन्न मानकर युगवतार का स्वरूप प्रदान किया है। जवाहरलाल नेहरू महात्मा गांधी के सच्चे शिष्य थे। वे जन नायक, लोकनायक, युगपुरुष के रूप में चित्रित हुए हैं। यह दोनों प्यारे मित्र थे, और अक्सर आपस में मिलते रहते थे। अक्सर साथ में बैठकर चाय पीते- पीते घंटों बातें किया करते थे। यह अनेकों समारोह एवं मीटिंग में साथ- साथ जाते थे। तथा साथ ही साथ में उन्होंने आजादी की लड़ाई में भी भाग लिया था। उन्होंने गांधी जी को अपना पथ प्रदर्शक माना था तथा हमेशा इनसे कुछ न कुछ सीखते रहते थे। नेहरू जी के व्यक्तित्व में अशोक की युद्ध विरक्ति, बुद्ध की करुणा, महावीर की अहिंसा, प्रताप का स्वाभिमान, शिवाजी की देशभक्ति और विवेकानंद के आत्मदर्शन की झलक दिखाई देती है। कलिंग युद्ध की घटना सम्राट अशोक के शासनकाल में हुई थी। यह घटना हृदय कँपा देने वाली थी। सम्राट अशोक ने यह देखकर हिंसा न करने का निर्णय लिया। उसने सदैव के लिए तलवार फेंक दी थी और महात्मा बुध का अनुयाई बनकर बौद्ध भिक्षु बन गया था। अशोक महान के द्वारा शांति एवं अहिंसा का संदेश दूर-दूर तक फैलाने का वर्णन किया गया है। हमारे जीवन की अपनी कलाएं है, सभी मनुष्य के पास कुछ ना कुछ अलग होता है, इसलिए हम सभी को आपस में मिल जुल कर रहना चाहिए। गांधीजी ने आपस में मिल जुल कर रहना सिखाया है, उन्होंने सभी को प्रेम सत्य एवं अहिंसा का मार्ग दिखाया है । सच्चा प्रेम वही है- जिसकी तृप्ति आत्मनिर्भर हो प्राण प्रेम है करो प्रेम पर प्राण न्यौछावर,

"आज की दुनिया विचित्र नवीन,
प्रकृति पर सर्वत्र है विजयी पुरुष आसीन,
हे बंदे नर के करो में वारी विद्युत भाप,

हुकुम पर चढ़ता-उतरता है पवन का ताप,
है नहीं बाकी कहीं व्यवधान,
लाँघ सकता नहीं सरित-गिरी-सिंधु एक समान " ।

आज की दुनिया स्वार्थी हो गई है, सभी अपना काम निकाल जाने पर कोई किसी को नहीं पूछता। पहले इंसान को महत्व दिया जाता था। लेकिन आज पैसों को इंसान की उपेक्षा कुछ लोग ज्यादा महत्व देते हैं। लेकिन हमें फिर से वही अपनी संस्कृति, अपनी धरोहर पर आना होगा। क्योंकि ऐसे तो संपूर्ण संसार धीरे-धीरे अंधकार में चला जाएगा। फिर उनको वापस पथ पर लौटना संभव होगा। अतः सभी मानव को अपने कर्तव्य का निर्वहन करना पड़ेगा, अगर यही बात सभी जान ले तो फिर से संसार में खुशी की लहर दौड़ आएंगी।

8
भूतों की दुनिया

हमें भारत देश में आजकल कहीं भी भूत नहीं दिखाई दे रहे हैं। क्योंकि आजकल बिजली की व्यवस्था हो गई , लेकिन ऐसा नहीं है कि भूत नहीं है या दूसरे देशों में भूत प्रेत आत्माएं नहीं दिखाई देती। वहां भी कभी-कभी कैमरों में भूतों की तस्वीर कैप्चर हो जाती है, जो कि आए दिन इंटरनेट पर वायरल होती रहती है। लेकिन भारत देश की एकमात्र ऐसा देश है, जहां इन चीजों को ज्यादा मान्यता दी जाती है। परंतु फिर भी हम कह सकते हैं कि इस दुनिया में मानने वालों के लिए सब कुछ है और ना मानने वालों के लिए कुछ भी नहीं है। लेकिन सभी अपनी धार्मिक परंपरा व रीति रिवाज मैंने नियमों के अनुसार चलते हैं। इसी प्रकार भूत भी अपना एक अलग स्थान रखते हैं। मैंने भी भूतों को कई बार देखा है । हमारे देश में तांत्रिक बाबा, झाड़-फूंक, जादू टोना, भगत आदि प्रकार से भूतों का इलाज किया जाता है। हमारे भारत देश में अनेकों मनुष्य ने अपना व्यापार ही भूतों के नाम पर चला रखा है। यहां आए दिन किसी ना किसी को भूत प्रेत अपनी चपेट में ले लेते है, आत्माएं दो प्रकार की होती है।

1 . अच्छी आत्माएं
2 . बुरी आत्माएं

अच्छी आत्माएं आपको कभी परेशान नहीं करती है। आप के भले के लिए ही पीछे रहती है। क्योंकि यह अपने किसी उद्देश्य को पूरा करने

के लिए ही धरती पर भटकती रहती है और अपने मकसद को पूरा करते ही चली जाती है। परंतु कुछ बुरी आत्माएं भटकती रहती है। ऐसी आत्मा किसी को भी अपने वश में करके अपना मनचाहा काम करवा सकते हैं। ऐसे हाथ में आसानी से किसी को भी अपने जैसा बना सकती है। ऐसी आत्मा भूत प्रेत अपनी ताकत के सीन ताकतवर होते हैं। इनसे किसी का भी आज तक भला नहीं हुआ है। इसलिए हम यही प्रार्थना कर सकते हैं, कि हमारी यह दुनिया वैसे ही बनी रहे जैसी आप पहले और आज है। इस प्रकार या दुनिया बड़ी ही विचित्र है क्योंकि हम किसी को भी बिना नतीजे के सही या गलत साबित नहीं कर सकते। क्योंकि आज जीवन चक्र सब ईश्वर की मोह माया है, हम इसे समझ ही नहीं सकते। क्योंकि हर किसी को सिर्फ प्यार से ही वश में किया जा सकता है। इस दुनिया में भूत प्रेत आत्मा से होती हुई दिखाई दे रही है। पहले चारों ओर अंधेरा ही दिखाई पड़ता था, इस कारण हमें पहले चारों और भूत दिखाई देते थे। लेकिन अब बिजली की व्यवस्था बढ़ गई है। अब चारों और रोशनी दिखाई देने लगी है। इसी कारण हमारे देश में भूत कम ही दिखाई पड़ते हैं। वह तो अब भी मौजूद है हमारे देश में व्यापक रूप से शिक्षा का अध अंधकार फैला है। हम उसे दूर करने का भरसक प्रयास करना चाहिए। क्योंकि हमारे भारत देश की शिक्षा व्यवस्था बहुत कमजोर हो चुकी है। क्योंकि आज के समय में ना तो कोई पढ़ने वाला है, और ना ही कोई पढ़ाने वाला। आजकल की शिक्षा व्यवस्था ओखली हो चुकी है।आज का दौर बदलाव का दौर है। हमारे देश व दुनिया में बहुत कुछ बदलाव होता जा रहा है। हर समय कुछ ना कुछ बदलाव होता जा रहा है। इसलिए मानव अपने हर संभव काम कर रहा है जैसा उससे होता है। वह अपने हिसाब से अपनी पूरी ताकत लगाकर अपने आप को सही साबित करने में लगा है। हम सभी अपने अपने कार्य में लगे हुए हैं। फिर भी इस वास्तविक दुनिया में बहुत कुछ अजीब सा दिखाई प्रतीत होता है। इसी कारण हम सभी को समय से अलग सा प्रतीत होता है। मुझे भी कई बार भूतों से टक्कर करनी पड़ी है, मैं अपने इस काम में सफल भी हुआ हूं। तथा इस प्रकार की लड़ाई के लिए एक विशेष शक्ति की आवश्यकता पड़ती है। हमें अपनी शक्ति को पहचान कर उसे सही दिशा में प्रयोग

करना चाहिए। यह दुनिया बड़ी ही विचित्र और अद्भुत है। जो अपने आप में क्या सफल सफलता का प्रतीक है। आजकल सभी जगह ब बल्ब लगे है। जो कि रोशनी प्रदान करने हमारी मदद करते हैं। और अंधकार से प्रकाश की ओर ले जाने में मदद करते हैं। सरकार भूतों की भी एक अलग दुनिया है। हम इंसानों भी अपनी दुनिया में खुश रहते हैं और हर किसी को खुश रहना चाहिए जो भी दुनिया में आया है वह एक दिन तो वह अवश्य जायेगा परन्तु हमेअपने कर्तव्य से पीछे हटना चाहिए।

9
आंख का अंधा

यह बात उस दौर कि है, जब हम आपस में मिलकर एक साथ इकट्ठे रहते थे। तथा तभी सभी अपने अपने पुराने समय को याद किया करते थे। इस पुराने दौर में सभी परिवार में घर के पास में ही अपनी पंचायत को लगा कर बैठ जाते थे। इसी मुद्दे पर फिल्म भी बन चुकी है। उसमें खुराना जी ने बहुत अच्छा काम किया है। उनकी काफी सराहना की गई है, उन्होने अँधा बनकर काला चश्मा पहन कर एक लड़की को फसाया, उसके बाद फिर दूसरी को। वे एक संगीतकार थे। उन्हें संगीत का काफी शौक था। मैं भी इसी प्रकार एक अच्छा टीचर बनने के प्रयास में सबको पीछे छोड़ता जा रहा हूं। परंतु मैंने कभी किसी को निराश नहीं किया शिवाय लड़कियों के। इस प्रकार हर किसी की एक कहानी होती है। मेरी भी एक प्रेम कहानी है। संसार बहुत कुछ ऐसा था, जो कि आंखों के सामने अंधकार युक्त हो गया है और इसमें चारों तरफ अंधकार ही भरा पड़ा है। अपने आप को बचा कर रखें। इस संसार में चारों ओर एक गर्माहट सी भरी हुई है, जो कि स्त्री पुरुष को अपनी और आकर्षित करते करते है। इसी को प्रकृति का नियम कहते हैं। हमारे यहां भी कहीं अंधे हैं, जो सिर्फ नाम के अँधे है। ऐसे लोग ईर्ष्या से जल- जल कर मर जाते हैं। जो अपने आसपास भी अग्नि बढ़ाते हैं। और दूसरों को भी भला बुरा कह कर सिर्फ खुद को ही अच्छा साबित करने के लिए लगे रहते हैं। इस प्रकार जो नहीं देखा वही ठीक है। बाकी तो सब को पता ही है। क्योंकि जिस पर भरोसा

करते हो वही सबसे ज्यादा गद्दार होता है। इसलिए किसी को भी अपना खास ने बनाए वही लोगों का नाश करते है। इस प्रकार सभी को आज के जमाने में बच कर चलना चाहिए। क्योंकि आजकल की महिलाएं उत्सुक हो गई है। जिन पर अपने युग व उनके परिवार को नहीं समझा जाता। आखिर सबके बस का थोड़ा इंतजार करना। सब अपनी बरसात को यूं ही फेंक देती है। इस प्रकार अंधे और अंधे के नाटक में बहुत फर्क है। कुछ सब कुछ देख कर भी जानबूझकर अंधे बनते हैं, और कुछ जन्मजात अंधे होते है। आजकल की महिलाओं और पुरुषों से ज्यादा हॉट और सेक्सी है। चाणक्य नीति में भी यही सब लिखा है। कि औरतो की कोई सीमा नहीं है इसमें कितनी उत्तेजना हो सकती है। यही नहीं इन की गहराई आज तक कोई नहीं ना सका है। जबकि पुरुषों में मात्र इनका चौथाई भाग ही हारमोंस की गर्मी होती है इसलिए सभी अपने काम को मन लगाकर करे। दिमाग फ्री में नहीं मिलता। इसलिए अपने जो भी काम सीखा है उसे ही करते रहे और अपने रोजगार पर ही ध्यान दे। आज की महंगाई में भी अच्छा रोजगार मिलना मुश्किल हो गया है। हर एक चीज के भाव बढ़े हुए है। जो इस हत्या को समझ गया मानो वह इंसान सुधर गया। कुछ लोगों व बच्चों की आंखें ज्यादा टीवी, मोबाइल फोन चलाने की वजह से खराब हो गई है। कृपया इतना ज्यादा अपनी आंखों पर जोर न डालें वरना आपको भी चशमा लग सकता है। ज्यादा पढ़ने से आँखे खराब हो जाती है जितना हो उतना ही कोई काम करना चाहिए।

"12 बरस लौ कूकर जीवे,
अरु तेरह लौ जीवे सियार।
बरस अट्ठारह क्षत्रिय जीवै,
आगे जीवन को धिक्कार "।

इस प्रकार हम कह सकते है कि सभी में कुछ ना कुछ अलग होता है। जो भी मिले, जहां से भी मिले सीखते रहिए। वरना वास्तव में फिर इस दुनिया का अंत होने से कोई नहीं रोक सकता। इस भाग दौड़ भरी जिंदगी में भी इंसान के पास अपने अपनों के लिए समय ही नहीं बचा है। आज का दौर डिजिटलाइजेशन का दौर है। जब सब कुछ घर बैठे हो रहा है। फिर अपना काम भी घर पर ही रहकर करे। आज के समय ने इंटरनेट

के प्रयोग ने मानव को घमंडी व लालची बना दिया है। सभी को इंटरनेट की लत लग गई हर प्रकार की सामग्री इंटरनेट पर उपलब्ध है। कि इसे कभी भी समाप्त नही किया जा सकता। इसका कोई सीमा सीमित क्षेत्र नहीं है। इन्हीं लोगों ने अनपढ़ों को पढ़ा दिया है। ताकि वे भी इंटरनेट से स्वयं को तथा दूसरों को परेशान करें इस प्रकार आजकल कोई भी भरोसे के लायक नहीं है। किसी पर भरोसा ना करें अपनी सुरक्षा की जिम्मेदारी स्वयं करें आत्मनिर्भर सुसज्जित ढंग से अपने पालन-पोषण को बढ़ावा दें।

10

कॉलेज लाइफ

हर एक बच्चे व छात्र की स्कूल की यादें कॉलेज की यादें उनके उसके दिमाग के दृष्टि पटल पर उतर आती है। और एक लंबे समय तक के लिए स्थाई हो जाती है। परंतु फिर भी हम कह सकते हैं कि हमें अपने पुराने समय को नहीं भूलना चाहिए। क्योंकि हम अपने को सही साबित करने के लिए किसी को गलत नहीं बता सकते। अब स्कूलो में नाम मात्र की ही पढ़ाई रह गई है। पहले सीधे बच्चों का जमाना था। पुरानी यादों को सभी अपने जेहन में संजोकर रख सकते हैं। परंतु इतना सब कुछ हर किसी के याद नहीं रहता। फिर भी जितना हो सके याद रखें सभी को अपने कॉलेज की मस्ती हंसती खेलती जीवनशैली याद रहती है। सभी अपने पुराने समय को याद रखते हुए अपने जीवन के कार्य को आगे बढ़ाते रहते हैं। इस प्रकार यह संपूर्ण संसार एक बहुत बड़ा माया के जाल में उलझा हुआ नजर आता है। बच्चे हो या बूढ़े उनको अपने पुराने दौर के हिसाब से ही चलना पड़ता है। हम सभी मनुष्य अपने एक बेहतर जिंदगी की कामना करते हैं। सभी आ जाते हैं कि पढ़ाई खत्म करते सब अपने रोजगार पर लग जाए। ताकि आने वाले समय में कोई दिक्कत ना और फिर उन्हें अपने दोस्तों के सामने झुककर ना चलना पड़े। कुछ की नौकरी लग जाती है। अन्य सभी अपने परिवारिक काम धंधे में लग जाते है। यह जरूरी नहीं है कि मास्टर का लड़का मास्टर ही बने। सभी की अपनी अलग अलग सोच तथा अपनी एक नई जीवनशैली होती है इसलिए मेरी

यही राय है, कि एक समय पर एक ही काम करें। अन्यथा आप किसी भी काम में सफल नहीं हो पाओगे। हम सभी को अपना पुराना समय याद रहता है। मुझे भी अपना पुराना समय याद है और मैंने भी दिन रात एक कर के जाग-जाग कर भाग- भाग कर सभी से थोड़ा-थोड़ा सीखकर ही यहां तक पहुंचा। मुझे अपने बचपन से लेकर आज तक सब कुछ याद है। इसलिए मैं अपने आप को बड़ा ही भाग्यशाली समझता हूं। बस कुछ ऐसे उसके बाद जो पूरे जीवन कठिन मेहनत से भगवान के दर्शन कर पाते हैं। पढ़ाई भी एक प्रकार की साधना ही है, इसमें भी इंसान को अपना सब कुछ खो कर एक नई उत्पत्ति, काम या नौकरी मिल सकती है। सभी बच्चे अपने और दूसरों का समय ही देख कर चलते है। इस प्रकार सभी को आपने आने वाले कल को ध्यान में रखकर चलना चाहिए। एक समय की बात है जब हम सभी पुराने बैग लेकर सरकारी स्कूलों में जाते थे। तथा सभी बच्चों के साथ प्यार से खेलते रहते थे। आजकल के बच्चों की कॉलेज में ही दोस्ती हो जाती है। अब सभी अपना टाइम पास करने के लिए आप बच्चों से बूढ़े तक मोबाइल पर ही रहते हैं।आज के दौर में भी ज्यादातर बच्चे छोटे बच्चे गेम खेलते है। उन्हें सही समय पर सही शिक्षा दे। अपने बच्चों के साथ मित्रता बनाए रखें। उन्हे अच्छे संस्कार देकर उनकी परवरिश पर ध्यान देना चाहिए। एक समय की बात है कि सभी बुजुर्ग इकट्ठा होकर पंचायत घर मे या फिर अपने चौंतरो पर बैठकर हुक्का पीते रहते थे। अपने घर परिवार को किस प्रकार चलाया जाए कैसे बच्चों को अपने नियंत्रण में रखें यह सब पर बातें होती थी। बड़े डिग्री कॉलेजों में तो पार्टी और रिश्ते जोड़ना आम बात है। कुछ कॉलेज छात्र ड्रग्स, लड़कियों पर पैसा खर्च, जुँआ, सट्टा अनेकों कार्य करते हैं। इस प्रकार ज्यादा पैसे दौलत शोहरत भी इंसान को अंधा बना सकते है। सभी सम्मान के पात्र है। किसी की बुराई नहीं करनी चाहिए। हमारे भारत देश में तो फिर भी बहुत अच्छे संस्कार स्कूल, बड़े-बड़े खेल के , सरकारी स्कूल, देश के सामाजिक संस्थाएं कार्यरत हैं। जो हमारे देश को आगे ले जाने में समर्थ है। इस देश की चर्चा तो दुनिया के किसी भी कोने में आ जाती है। सभी हमारे देश की गौरवशाली ऋषि-मुनियों का मिलकर गुणगान करते है, इस पर एक दोहा कहा गया है -

वतन की मिट्टी, वतन की खुशबू,
नहीं वतन कहीं ऐसा ,
मेरे वतन जैसा।

11
नई जिंदगी

हमारे पूर्वजों का मानना है। कि हम सभी को अपने शरीर की देखभाल स्वयं करनी चाहिए। हमारा शरीर में छोटी छोटी कोशिका एवं तत्वों से बना है। सभी जंतु तथा प्राणी जगत को दो भागों में बांटा गया है। हमारी पृथ्वी पर अनेक प्रकार के पौधे एवं जीव जंतु पाए जाते हैं। इन्हें भी हम मनुष्यों की तरह के अपनी जाति प्रजाति को बचाने के लिए ने प्रकार से संघर्ष करना पड़ता है। और सारे जीव एवं पौधों की प्रजातियों तो धीरे-धीरे पटरी से समाप्त होती जा रही है। सभी प्रकार के जीवो में अलग-अलग गुणधर्म पाए जाते हैं। पूरे देश में लगभग 461 जंतु विहार है तथा 77 राष्ट्रीय उद्यान है। भारत देश में 1 से 8 अक्टूबर तक वन्य जीव सप्ताह मनाया जाता है। सन उन्नीस सौ दो में पेरिस में यूरोपीय देशों में प्रकृति संरक्षण के एक अंतरराष्ट्रीय शपथ पत्र पर हस्ताक्षर किए। अधिकतर जीव जंतु एवं पौधे सूर्य के प्रकाश की उपस्थिति में प्रकाश संश्लेषण की क्रिया द्वारा भोजन की प्रक्रिया में छोटे रन्द्र द्वारा ही हवा पानी को ग्रहण करते हैं। प्रत्येक इंसान अपनी एक बेहतर जिंदगी के बारे में सोचता है। कि अच्छा सा काम करके अपनी वैवाहिक जिंदगी में कदम रखें। अन्यथा उसे प्रत्येक दिन बहुत भारी पड़ता है। घर में मारपीट, शराब, झगड़े आदि कार्य प्रतिदिन करते रहते है। इसलिए उसे पहले कठिन परिश्रम से एक अच्छे मुकाम पर पहुंचकर आगे की जिंदगी का आराम से सुखमय निर्वहन करना चाहिए। यह एक बेहतर जीवन

शैली मानी जाती है ऐसा करने ही। अपना एक अलग लाइफस्टाइल, रहन-सहन, खानपान वे अपनी एक नई राह चुने। जिसे आप अपने लिए उपयोगी समझते है। हमेशा अपने बड़ों को जनों को आदर करें अन्यथा आप जैसा कोई भी इंसान कभी भी जीवन मे सफल नहीं हो पाएगा। क्योंकि सफलता के झंडे गाड़ ना हर एक व्यक्ति के हाथ में नहीं है। जल ही जीवन है जल को बचाकर ही हम मानव जीवन को बचा सकते है। क्योंकि कोई भी इस दुनिया पर स्थाई नहीं है। सभी को एक दिन अवश्य ही जाना यह दुनिया तो बस एक मेले के समान है। सभी आकर मेले मे मेरा के चक्कर में लग जाते है। लेकिन सच्चाई यह है कि इस दुनिया में कोई किसी का नहीं है। सब स्वार्थ के तहत ही एक दूसरे के साथ जुड़े हुए है। यह दुनिया के अंतिम सच्चाई है किसी ने खूब कहा है -

" मौसम भी है और माहौल भी,

यह गम भी है और जो झोल भी,

क्या कर रहे हम भी है और बोल भी "।

अपने पुराने अतीत को भूल कर ही मनुष्य जिंदगी में आगे बढ़ सकता है। आओ मिलकर आगे की खूबसूरत शुरुआत करते हैं -

"वार्तालाप दिमाग का विकास करने का एक बेहतर साधन है"।

जीवन के इस बेहतरीन सफर में मौत के द्वार से वापस आकर जब इंसान कोई भी हो तो उसे एक खिलता हुआ चेहरा ही नजर आता है। और सब उसे भगवान के समान ही मानने लगते है। इस दुनिया में ढूंढने से वास्तव में सब कुछ ही मिल जाता है। चाहे सुख हो दुःख हो या फिर एक नया जीवन। इतना ही नहीं सब कुछ गुजर जाता है। जब तो कहीं ना कहीं एक आशा की किरण जरूर मिल जाती है। इस दुनिया में असीम प्रेम की संभावनाएं है। इस प्रकार पक्षी भी अपने पुराने घर के उजड जाने पर एक नया घर बनाता है। और फिर सब कुछ वही पे ले जाते है। आजकल कुछ पक्षी अपने नहीं घोसले बनाने में लगे है। परंतु फिर भी हम कह सकते हैं कि सभी अपने बच्चे, अपने घर को पूरी तरह से सुरक्षित रखना चाहते है। इस प्रकार यह मानव जीवन बड़ी ही कठिनाई से मिलता है। इसका दुरुपयोग ना करें इसका सही प्रयोग करें। ताकि आप स्वयं एक नई दुनिया का स्वागत कर सके। क्योंकि अगर सब बदला लेने पर यह

दुनिया में कोई भी नहीं बच पाएगा या छोटी सी दुनिया वास्तव में पूरा संसार है। जिसे हर एक इंसान अपने हिसाब से चलाना चाहता है। सभी के पास कुछ अच्छी बातें और कुछ बुरी बातें हैं। जो मनुष्य को ठीक लगता है, वह वही करता है। वैसे अपनी जिंदगी को साफ सफाई का विशेष ध्यान रखना चाहिए। एक सही दिशा में ले जाने के लिए हमेशा उसको वैसा ही फल मिलता है।

12
वैवाहिक रिश्ता

हमें अपने साथी से कभी भी ज्यादा नाराजगी नहीं जतानी चाहिए। क्योंकि किसी भी रिश्ते की शुरुआत हमेशा प्यार से होती है। अपने रिश्तो को हमें भली-भाँती निभाना चाहिए। बात बात पर गुस्सा नहीं करना चाहिए। क्योंकि सभी अपनी जगह पर ठीक होते हैं, अपनी जिंदगी को अपने हिसाब से ही प्रत्येक व्यक्ति चलाता है। इस प्रकार हम कह सकते हैं कि हर छोटी चीज के लिए निर्भर ना रहे। हमेशा से ही हमारा देश भारत कृषि प्रधान देश का है। हमारे देश में सर्वाधिक कृषि बारिश पर ही निर्भर है। हमारे यहां पर अन्न-जल की कोई कमी नहीं है। इससे हमारे यहां पर विवाह को एक पवित्र रिश्ता माना जाता है। हम अपने देश के रीति-रिवाजों के अनुसार सभी जाति वर्ग के विवाह संपन्न कराते हैं। हमारे यहां पर ब्रह्मणों को विशेषताएं मूलतः विवाह के समय दान दिया जाता ह। हमें अपने वैवाहिक रिश्तो में मिठास बढ़ाने के लिए सभी से मित्रता एवं प्रेम पूर्वक व्यवहार करना चाहिए। इस आधुनिक दुनिया में रिश्तो की डोर विश्वास एवं सत्य पर ही टिकी हुई है। कभी भी अपने साथी से झूठ ना बोलें, बात-बात पर उसे परेशान नहीं करना चाहिए। अन्यथा उन्हें कभी भी गुस्सा आ सकता है। प्राचीन समय में भी विवाह घर, परिवार एवं समाज को सभी अपने घर जैसा मानते थे।लेकिन आज ऐसा नहीं है आज सब अलग-अलग हो गए हैं सबके अंदर अहंकार आ गया है और सब इकट्ठा रहने की बजाय अलग-अलग रहते हैं। इसी कारण

हमें आज भी बुजुर्गों को सम्मान देना चाहिए। क्योंकि सभी सम्मान के पात्र है। इस दुनिया में सभी अपने घर परिवार का पालन पोषण करते है। विवाह के बाद सभी को अपने बच्चों व स्त्री की देखभाल करनी चाहिए और करते भी है। हमें अपने बच्चों का समय पर विवाह कर देना चाहिए। अन्यथा कुछ भी हो सकता है। हिंदू विवाह में भी ज्यादातर यही होता है। विवाह बच्चे पैदा करने एवं उनका पालन पोषण करने की व्यवस्था है। इसे समाज का ही एक हिस्सा माना जाता है। आजकल सभी सोशल मीडिया से जुड़े हुए हैं। इसलिए अपने साथी की फोटो को लाइक करें एवं महिलाओं की दोस्तों की तारीफ करना न भूलें। हमें सभी महिलाओं व बच्चों को का सम्मान करना चाहिए। अगर आपके बीच कोई कहासुनी हो गई हो तो उसे बेवजह कलह न बनने दें। उसे आपस में मिलकर प्यार से सुलझा लेना चाहिए। एक पहलू यह भी है कि प्यार को बढ़ावा देने की एक वजह झगड़े भी है। क्योंकि झगड़े वे नोकझोंक तो लगभग हर घर में होती है। प्रत्येक रिश्तो में झगड़े होते हैं, नहीं तो फिर प्यार का मजा ही क्या है। हम सभी लोगों को समय-समय पर अपने रिश्ते की कमियों को अवलोकन करना चाहिए। ताकि हम एक तरह से अपने विवाह रिश्ते में मधुरता ला सके। हमें उसकी खुलकर तारीफ करनी चाहिए। समय-समय पर अपनी पसंद, नापसंद पहनावे आदि चीजों का ध्यान रखना चाहिए। उन्हें समय-समय पर घुमाने के लिए लेकर जाए। सिनेमा दिखाएं बार जाकर अपने देश की धरोहर संस्कृति एवं धार्मिक स्थलों पर लेकर जाए। उनके जन्मदिन के मौके पर तोहफे प्रदान करें। अपनी हर छोटी से छोटी बात पर ध्यान दें। कभी गलती से भी भूल जाए तो आप बहाना बनाकर बच सकते हैं। हमें कभी भी चोरी नहीं करनी चाहिए। पैसों का हिसाब रखना चाहिए। इसलिए हमें अपने माता-पिता की सलाह जरूरत पड़ने पर लेनी चाहिए। अपनी वैवाहिक जिंदगी में बच्चो की भी भूमिका मजबूत होती है। अपने बच्चों का ध्यान रखना चाहिए। छोटे-छोटे कामों के लिए फोन करके बार-बार परेशान नहीं करें, नहीं तो रूठ जाते हैं। बच्चों के साथ प्रेम का व्यवहार करें। बच्चों की याददाश्त बड़ों की अपेक्षा ज्यादा मजबूत होती है। बच्चे भगवान का रूप होते हैं। बच्चों की मांसपेशियां एवं हड्डियां भी बड़ों की अपेक्षा ज्यादा

मजबूत होती है। हमें सभी के साथ परिवार में प्रेम से मैत्री पूर्वक रहना चाहिए। हम बच्चों को समय नहीं दे पा रहे हैं, हमें अपने बच्चों को अपनी भागदौड़ भरी जिंदगी से थोड़ा सा समय बता कर उनके साथ भी कभी खेलकूद करें।

"खेल खेलना बच्चों के दिमाग को बेहतर विकसित करता है" ।

"वार्तालाप करना भी बच्चों के दिमाग का विकास करने में सक्षम है" ।

13

भोर लालिमा

शाम का समय था। जब रिंकी अपने स्कूल के दोस्तों के साथ घूमने के लिए निकली थी। तभी उसे अपने बचपन की याद आ गई थी। क्योंकि वह अभी छोटे बच्चों की तरह ही शरारती थी। जब वह बच्चों को देखती थी। तो उसे अपने बचपन के सुहाने दिन याद आ जाया करते थे। परंतु उसने कभी भी बचपन से लेकर आज तक कभी कोई गलती नहीं की थी। क्योंकि वह बहुत ही सहज व सरल स्वभाव की लड़की थी। लेकिन जल्दी उसके मन में भी उम्र जागने लगी थी। कि उसे भी किसी से प्यार हो गया और वह अभी दूसरी लड़कियों की तरह धीरे-धीरे बदलती जा रही थी। परंतु उसे यह बदलाव असहज लग रहा था। इस प्रकार उसे अपने घरेलू लाइफ में व्यस्त थी। और उसे स्कूल में ही एक लड़का पसंद आ गया। और वह भी अब धीरे-धीरे उसे पसंद करने लगी थी। इस प्रकार वे एक अच्छे दोस्त बन गए थे। तथा स्कूल से पैदल ही बातचीत करते हुए रास्ते से होते हुए अपने घर को चले जाते थे। अन्य बच्चों को भी उनके बारे में पता चल चुका था। इस प्रकार वे एक ही साइकिल पर बैठकर भी स्कूल में चले आते थे। धीरे-धीरे समय बीतता चला गया और वे दोनों की मित्रता गहरी होती चली गई। इसी बीच उनमें झगड़ा भी हो जाता था। उन दोनों के भाई एक दूसरे के गहरे दुश्मन थे। इसलिए उन्हें आपस मे मिलने से रोका जाता था। धीरे धीरे उनमे प्यार हो गया। यहां तक कि उन्होंने अपने भाइयों की दुश्मनी की परवाह न करते हुए एक दूसरे के

गहरे प्यार के लिए कभी एक दूसरे से जुदा न होने की कसमें खा रखी थी। एक दिन लड़की के भाई को इस बात का पता चल गया। तो उसने लड़के की बहुत पिटाई की तथा स्कूल में फेंक कर अपने घर को चले गए, साथ ही चेतावनी दी थी कि हमसे दूर रहना नहीं अगली बार तुम्हारी खैर नहीं। चलो कुछ दिन तक सब कुछ यूं ही चलता रहा। फिर उस लड़के के भाई को इस बात का पता चला था। उसने उस लड़की को धमकाया और पीटा तथा कहा कि बदतमीज लड़की मेरे भाई से तुम दूर ही रहना वरना तुम्हारे लिए ठीक बात नहीं है। लेकिन इसके बावजूद भी उन दोनों प्रेमियों ने आपस में मिलना जुलना बंद नहीं किया। इसी बीच उन दोनों के भाइयों में आपस में उनकी वजह से फिर झगड़ा हुआ। क्योंकि वह स्कूल के पहले किसी समय अच्छे मित्र हुआ करते थे। जो आज मात्र एक लड़की की वजह से इतने गहरे दुश्मन बन गए थे। कुछ समय पहले जब स्कूल में आते थे। तो उन्हें भी यहां सब कुछ बढ़िया ही लग रहा था। परंतु अभी तो जैसे सब कुछ बदल गया था। परंतु उन्होंने फैसला कर लिया था, कि अभी किसी से नहीं डरेंगे। आज जैसा कि स्कूल खुलने का समय आने को था। तो वे समय से पहले अपने स्कूल में आ गए थे। उन्होंने अब जीवन का सफर एक साथ तय करने के लिए वादा कर लिया था। अब तक अपने भाइयों की वजह से एक दूसरे से डरने लगे थे। हम तो उन दोनों के प्यार की वजह से वे दोनों अपने बारे में सोचने लगे। धीरे-धीरे समय गुजरता गया और दोनों आपस में झगड़ा खत्म हो गया। इसलिए अब उन्होंने अपने भाई को बहन की शादी एक दूसरे के साथ करने के लिए तैयार हो गए थे। फिर दोनों की दुश्मनी अब खत्म हो गई थी। और वे दोनों प्यारे दोस्त बन चुके थे। इस प्रकार उनका प्यार सफल हो गया और वे दोनों शाम के वक्त घूमने निकल गए और संध्या के समय में डूबते सूरज को देखते दोनों पार्क में घूम रहे थे। इस प्रकार यहीं पर कहानी का अंत हो जाता है।

14
जिंदगी का संघर्ष

बहुत से आदमी अपनी व्यस्त लाइफ में भी संघर्ष करते रहते हैं। वैसे तो हम कह सकते हैं कि हमें अपने जीवन का मुकाम इतनी आसानी से नहीं मिल पाता। क्योंकि कभी-कभी हम अपने आसपास के जाल में उलझ कर रह जाते हैं। तथापि हर कोई अपने जीवन में अच्छी लाइफ स्टाइल पाने में अपनी पूरी ताकत लगा देता है। क्योंकि इंसान कभी भी उतना अपने आप को नहीं जान सकता, जितना कि दूसरा व्यक्ति उसके बारे में जानता है। क्योंकि इस भाग दौड़ भरी जिंदगी में अपने पुराने समय को नहीं भूलना चाहिए। क्योंकि इंसान का कल ही उसे वर्तमान में पहुंचाता है। इस पूरी दुनिया में एक सर्वश्रेष्ठ इंसान भी आजकल के कलयुग से टकराने में हिचक जाता है। आज के दौर में इंसान कहीं ना कहीं मायावी जाल में उलझ कर अपनों को भूलता जा रहा है। सभी को साथ लेकर ही हम अपने और इस देश के विकास में अग्रणी साबित हो सकते हैं। हमें अपनी मातृभाषा और मातृभूमि को कभी नहीं भूलना चाहिए। इस छोटी सी दुनिया में इंसान चाहे तो सब कुछ मुमकिन हो सकता है। मैंने बहुत से लोगों को संघर्ष करते देखा है, वे अपने जीवन में इतने आगे निकल जाते हैं। कि मानों जैसे उन्होंने एक इतिहास रचा हो। परंतु शुरुआत हमेशा छोटे से ही करनी चाहिए। मैंने काफी महापुरुषों देशभक्तों की जीवनी पढ़ी है। उन्होंने अपने जीवन में हर बड़ी से बड़ी मुश्किल का सामना किया है। परंतु फिर भी अपने रास्ते से पीछे नहीं

हटे। किन्तु उन्होंने अनेकों यातनाएं सही, जेल ग्रे, आंदोलन किए मगर फिर भी उन्होंने हार नहीं मानी। इसके बहुत से उदाहरण प्रस्तावित है - जैसे महात्मा गांधी, अरविंद रानाडे, भगत सिंह, सुभाष चंद्र बोस, पंडित मदन मोहन मालवीय, रानी लक्ष्मीबाई, तात्या टोपे, रतन टाटा, मुकेश अंबानी, बिल गेटस आदि।

इस प्रकार इस दुनिया में पाने को बहुत कुछ है। अतः हमें चाहिए कि हम सब मिलकर काम करें। ऐसा नहीं है कि इस आधुनिक इस दुनिया में हम बहुत मॉडर्न हो गए हैं। मुझे भी अपनी जिंदगी में इस मुकाम तक पहुंचने के लिए काफी मेहनत करनी पड़ी है। इसलिए आगे आने वाली मुश्किलों के बारे में हमें नही सोचना चाहिए। हम सभी को अपने घर परिवार के बारे में भी सोचना चाहिए। मेरे काफी सारे दोस्तों ने भी अपने जीवन में बहुत ज्यादा पढ़ाई की थी, तब कहीं जाकर उन्हें एक सरकारी नौकरी मिली थी।आज के भागदौड़ भरे जीवन में सरकारी नौकरी पाना बहुत ही मुश्किल हो गया है। इसलिए हमें अपने साथ शरीर का, दिमाग का भी स्वस्थ बनाए रखना चाहिए। वैसे तो संसार के लोगों ने भगवान को भी नहीं छोड़ा। परंतु फिर भी व्यक्ति को काम तो करना ही पड़ता है। बिना कामकाज के जीवन का गुजारा चलाना असंभव हो जाता है। सभी को अपने जीवन में अपनी मनपसंद कामकाज नहीं मिलता है। इसलिए समय पर जो भी मिले वह काम कर लेना चाहिए। अन्यथा इंसान की हालत कुत्ते कैसी हो जाती है। फिर चाहे वह किसी भी जाति धर्म का हो। वैसे तो सभी इंसान की अपनी एक कला होती है, बस उसे पहचानने की देरी होती है। इसलिए हमें वक्त रहते अपने हुनर को पहचान लेना ही बेहतर होता है। वरना फिर समय के निकल जाने पर कुछ नहीं हो सकता। जब हमारे देश में अंग्रेजों का राज था, तो हमारे देश के स्वतंत्रता सेनानी और नेताओं ने मिलकर आजादी की लड़ाई लड़ी थी। जो आज तक हिंदुस्तान के इतिहास में सुनहरे पन्नों पर लिखी हुई है। उन्होंने अपने जीवन में क्या-क्या किया, कैसे अपना गुजारा चलाते थे। इस प्रकार इंसान को कुछ ना कुछ सीखते रहना चाहिए। सत्य ही है कि सीखने के लिए किसी माध्यम की आवश्यकता नहीं है। छोटा हो या बड़ा सभी काम बराबर है। निश्चित ही प्रमाणित है कि दुनिया मे मां का स्थान

कोई ले ही नहीं सकता। इसलिए अपने दूसरे काम पर लगे, जो हमारे काम से जलन महसूस करते हैं। ऐसे लोगों पर ध्यान ना दें। हमेशा अपने आप को ऐसे लोगों से बचा कर रखें। इस दुनिया में चारों तरफ गंदगी फैली है, अतः अपने जीवन में उन्नति पाने के लिए एक पथ प्रदर्शक चाहिए।

15

प्यार का सफर

मेरी नई नौकरी लग गई थी। ऑफिस में मेरी मुलाकात सारा नाम की लड़की से हुई यह बहुत ही खूबसूरत थी। पहली नजर में मुझे उन से लगाव हो गया। मेरी आंखें सिर्फ उसे ही ढूंढती थी। एक दिन वो मुझे देख कर मुस्कुराई। मैं संकोच करते हुए उसके पास गया उससे बातें कि उसका मोबाइल नंबर ले लिया। हमारी दोस्ती हो गई। मैं उसे फोन करता। विनम्रता से उसे कहता कि वह मुझसे बात करें, मेरी तरफ देखे ताकि काम में मन लगा रहे। वह मेरी तसल्ली के लिए देख कर मुस्कुरा देती, जब भी वह नजर नहीं आती तो हम मैं बेचैन हो जाता। मैं उसकी यादों में खोया रहता था। कुछ समय बाद उसने नौकरी छोड़ दी और हम दोनों एक दूसरे सेजुदा हो गए। लगभग 1 वर्ष बाद सारा ने फेसबुक अकाउंट बनाकर मुझे फ्रेंड रिक्वेस्ट भेजी। जब उसने बताया कि वह सारा है तो वह पुरानी यादें फिर से जाग उठी। फेसबुक पर हम चैटिंग करते रहे, मेरी शादी हो चुकी है। वह जान गई थी। उसमें कोई खास बात थी, कि जिससे मैं उससे बात करता था। उसकी दोस्ती मुझे अच्छी लगती है। एक दिन मैंने उससे कहा कि मेरी पत्नी ही मेरी जिम्मेदारी है, मैं अपनी जिम्मेदारियों से नहीं भाग रहा । लेकिन जब भी बात होती है पहले प्यार की जुबां पर तुम्हारा ही नाम आता है। ये सब बातें रहने दो, तुम्हारा एक परिवार है। मैंने कहा कि मेरी शादी नहीं होती, तो मैं तुम से विवाह करता। गुस्से मे मैंने उसे बहुत कुछ कह दिया। मेरे दोस्तों मैं

जानता हूं, कि हमारे बीच दोस्ती के अलावा कभी कोई रिश्ता नहीं होगा ।मैं अपनी पत्नी से बहुत प्यार करता हूं, उसका विश्वास कभी नहीं टूटने दूंगा। मुझे लगता है कि कोई और उसकी जिन्दगी मे आ गया है, वह किसी और से प्यार करती है। उसके दिल में किसी के लिए जगह है। यह उसका व्यक्तित्व जीवन है। मेरा प्यार एक तरफा हो लेकिन मेरा पहला प्यार सारा ही है।

16
विवाह महोत्सव

एक दिन की बात है जब मैं अपने आपसे बातें करता हूं अपने बिस्तर पर सो रहा थाएक दिन की बात है। जब मैं अपने आप से बातें करता हुआ अपने बिस्तर पर सो रहा था। तो मेरे मन में एक विचार आया। कि कल तो पड़ोस में एक विवाह है चलो थोड़ा मनोरंजन कर लेते है। दिल को खुशी होगी लेकिन नहीं अगले दिन मैं दावत में गया। मैंने सौ रुपया कन्या दान में दिया लेकिन मुझे ज्यादा खाया नहीं गया। मैं खाना खाकर घर आ गया। शाम के समय मेरा घर पर लेटे लेटे मन नहीं लग रहा था। तो मैंने सोचा चलो कुछ फेरों का दृश्य चल रहा है, मजा आ रहा है देख लेते हैं। देखने में लेकिन मुझे नहीं पता था कि मेरे खिलाफ एक साजिश चल रही है। इसका तो पता ही नहीं था। जबकि मेरे शरीर में पूरी ताकत और विश्वास था मैंने लगातार 15 दिनों तक 3 घंटे की नींद लेकर चल रहा थ और मैं खुद आकर 9:30 बजे रात के सो गया उसके बाद मैं रात में 12:30 बजे उठा और सुबह तक ही पड़ता अगले दिन मैंने खाना खाया और बाहर को घूमने निकल गया सुबह सुबह में बाहर घूम कर आया। उसके बाद मैंने फ्रेश होकर अपना खाना बनाया और खाना खाया तथा मैं अपनी पढ़ाई करने लगा। इसके बाद मैं अपने समाज में घूमने के लिए चला गया। क्योंकि मैं घूमता ही रहता हूं। अक्सर जब भी मुझे खाली समय मिलता है। इस प्रकार उस शादी का दृश्य बड़ा ही गंभीरता से मुझे आज तक याद है। उस शादी में कॉफी जाने पहचाने चेहरे आए हुए थे।

जो मुझे काफी लंबे समय से जानते थे। कुछ दिनों पहले भी हमारे यहां एक शादी हुई है। उस शादी में बड़ा मजा आया है, शादियों का सीजन चलता है, जब भी तो किसी ना किसी की शादी होती रहती है। उस समय मैं मिक्सर सब्जी एंजॉय करता हूं क्योंकि कभी-कभी दावत खाने को मिल जाता है।मैं मीठे में खाने के लिए 2 रसगुल्ले ले लेता हूं, पहले मैं बहुत ज्यादा खाता था। क्योंकि मेरी खुराक बहुत ज्यादा थी। लेकिन अब उतना नहीं खाया जाता अब मैं थोड़ा ही खाता हूं। मैं अक्सर दूसरों की बातों पर ध्यान देना देता रहता हूं। क्योंकि मुझे ज्यादा बोलना पसंद नहीं है। इसलिए मैं अक्सर शांति रहता हूं दूसरों को सुनता रहता हूँ। मैं अभी बहुत कम बोलता हूं वो तो मुझे थोड़ी सी दिक्कत हो रही है। इसलिए मैं कभी-कभी बोल देता हूँ, वरना मैं शांत रह कर ही दूसरों की बातों पर ध्यान देता हूँ। इसलिए समाज में घूम कर ही मैंने यह काफी ज्ञान प्राप्त किया है।

17

प्यारी बेटी

तुम बहुत प्यारी बेटी हो, मुझे तुमसे बहुत प्यार है। तुम्हारे साथ बिताया हुआ हर एक पल बहुत प्यारा और दिल के करीब रहा है। हम दोनों कितनी बातें करते हैं, एक साथ समय बिताते हैं। और तुम बड़ी हो गई हो तुम्हारे सपना रास्ता तय करना होगा। हर कोई अपना रास्ता खुद चुनता है, मैंने भी अपना चुना है। लेकिन अब मैं जीवन के अंतिम पलों में मैं कैसे ठीक हो सकती हूँ। क्या मुझे अपनी जिंदगी में दूसरा चांस मिल सकता है? या तो समय ही बेहतर बता पाएगा। फिर भी मैं अपने ठीक होने का इंतजार करूंगी। ना जाने मेरे ठीक होने में कितना वक्त लग जाए। मुझे पता चला है कि मेरे अंदर ऐसा कुछ भी नहीं है। जिसे मैं अपने पीछे तुम्हारे लिए छोड़ जाऊं। मेरे घरवाले मुझे जिंदगी में वहां वहां लेकर गए जहां जहां मेरा सपना हुआ करता था। जाने का मैं अभी तुम्हारे हर रात सपने को पूरा करना चाहती हूं। तुम्हें खुश देखना चाहती हूं। सफलता की नई ऊंचाइयों को छूते हुए देखना चाहती हूँ। मेरे पापा ने मेरा बहुत ज्यादा ख्याल रखा। तुम अपना ख्याल रखना, बेटी तुम मेरे दिल के बहुत करीब हो। जिंदगी बहुत छोटी है और उसे खुल कर जीना तुम्हें जैसे लगे अपने हिसाब से अपनी लाइफ को एंजॉय करना लेकिन कभी भी गलत रास्ते पर नहीं चलना। मुझे तुम्हारे बहुत अधिक चिंता होती है और मैं तुमसे बहुत प्यार करती हूं। इसलिए हमेशा ही अपने परिवार के बारे में सोचना और आने वाले समय में अपनी शादी कर लेना जैसे तैसे हो सके। और

आने वाले समय में अपनी प्रगति की ऊंचाइयों को धीरे धीरे प्राप्त करना और इस प्रकार समाज में तुम्हारा एक अच्छा नाम होगा। तो मुझे भी खुशी होगी मेरी प्यारी बेटी मैं तुम्हें हर पल खुश देखना चाहती हूं।

निष्कर्ष

हालात से ख़ौफ़ खा रहा हूँ,
शीशे के महल बना रहा हूँ।
सीने में मिरे है मोम का दिल,
सूरज से बदन छुपा रहा हूँ।
महरूम-ए-नज़र है जो ज़माना,
आईना उसे दिखा रहा हूँ।
अहबाब को दे रहा हूँ धोका,
हरे पे ख़ुशी सजा रहा हूँ।
दरिया-ए-फ़ुरात है ये दुनिया,
प्यासा ही पलट के जा रहा हूँ।
है शहर में क़हत पत्थरों का,
जज़्बात के ज़ख़्म खा रहा हूँ।

मुमकिन है जवाब दे उदासी,
दर अपना ही खटखटा रहा हूँ।

आया न 'क़तील' दोस्त कोई,
सायों को गले लगा रहा हूँ।।

कातील शिफाई...

The End.

www.ingramcontent.com/pod-product-compliance
Lightning Source LLC
La Vergne TN
LVHW041553070526
838199LV00046B/1934
* 9 7 9 8 8 8 8 8 3 4 2 9 9 *